LIGHT & FUN

Chefclub® NETWORK

LIGHT & FUN

CHEFCLUB
ÉDITIONS

SOMMAIRE

INTRODUCTION

Votre chaîne, votre livre

Light & Fun a été pensé et réalisé avec la communauté Chefclub. Vos emails, commentaires et visites dans nos locaux ont inspiré ce nouveau projet : un livre de recettes Chefclub ultra-légères, faibles en calories mais toujours aussi conviviales, amusantes et délicieuses. Compagnon de régime ou source d'équilibre au quotidien, nous l'avons pensé comme une inspiration pour aider les plus gourmands à contrôler leur apport en calories !

Plume, votre assistante diététique

Connaissez-vous Plume ? Certains l'ont déjà rencontrée. Elle prend note de votre poids, de votre taille, vous conseille sur votre apport en calories et répond aux messages envoyés sur la page Facebook Chefclub Light & Fun...

Plume est une assistante digitale qui a encore beaucoup à apprendre mais se perfectionne tous les jours. N'hésitez pas à la solliciter, elle pourrait vous être d'une aide précieuse !

Le livre et les vidéos sont maintenant connectés

Sur chacune des recettes du livre, vous découvrirez un QR code :

Vous ne savez pas encore ce que c'est ? Ne paniquez pas !
Cherchez simplement en bas de page ce petit symbole et dirigez vers lui la caméra de votre téléphone.
Vous pourrez ainsi contacter Plume sur Messenger.

Bonne lecture et bon appétit !

L'équipe Chefclub

VOUS
ALLEZ
FONDRE !

LES TOMATES FARCIES

DES ALLUMETTES ET UNE JOLIE SILHOUETTE

220 CALORIES / PERSONNE

4 PERSONNES

PRÉPARATION
40 minutes

INGRÉDIENTS
Pour 4 tomates farcies
4 tomates à farcir
4 œufs
20 cl de crème liquide allégée
150 g d'allumettes de jambon
50 g d'emmental râpé allégé
125 g de yaourt nature 0 %
1 c. à c. de moutarde
1 c. à c. d'huile d'olive
Basilic
Salade
Herbes de Provence
Sel et poivre

MATÉRIEL
1 fouet
1 plaque allant au four
Papier cuisson

1 Découper le haut des tomates. Couper la chair en quartier, la retirer (1) puis la réserver. Battre les œufs, la crème liquide, quelques feuilles de basilic ciselées, le sel et le poivre (2).

2 Répartir les allumettes de jambon et la préparation dans les tomates (3). Placer sur la plaque recouverte de papier cuisson puis saupoudrer d'emmental. Enfourner 30 minutes à 160 °C.

3 Mélanger le yaourt, la moutarde, l'huile d'olive et quelques feuilles de basilic ciselées puis verser sur la salade et la chair des tomates. Saler, poivrer, ajouter quelques herbes de Provence et déguster accompagné des tomates farcies (4).

ASTUCE CHEFCLUB
Afin que les tomates ne rendent pas trop d'eau à la cuisson, vous pouvez, après les avoir vidées, les saler légèrement et les laisser reposer à l'envers dans une passoire une dizaine de minutes.

1

2

3

4

LE CROQUE-BROCOLI

UN CROQUE-MONSIEUR SANS LE PAIN !

340 CALORIES / PERSONNE

3 PERSONNES

PRÉPARATION
20 minutes

INGRÉDIENTS
Pour 3 croque-brocoli
1 brocoli
150 g d'emmental râpé allégé
4 œufs
2 c. à s. de paprika
3 tranches de jambon
3 tranches d'emmental allégé
6 tomates cerises
Sel et poivre

MATÉRIEL
1 râpe
1 poêle

1 Râper le brocoli (1) puis le mélanger avec l'emmental râpé, les œufs, le paprika, le sel et le poivre.

2 Déposer 2 boules de la préparation dans la poêle et les applatir pour former des carrés de brocoli (2). Faire cuire 3 minutes à feu doux et les retourner. Ajouter une tranche de jambon sur l'un, une tranche d'emmental (3) et des rondelles de tomates cerises sur l'autre.

3 Assembler le croque-brocoli puis le laisser cuire 2 minutes recouvert. Répéter pour former 2 autres croque-brocoli. Déguster bien chaud (4).

ASTUCE CHEFCLUB
Préparez vos croque-brocoli en avance et conservez-les dans du papier cuisson puis du papier aluminium. Lorsque vous voulez les déguster, réchauffez-les au grille-pain avec le papier cuisson !

1

2

3

4

LA TARTE BONNE MINE

POUR FAIRE LE PLEIN DE VITAMINES !

365 CALORIES / PERSONNE

4 PERSONNES

PRÉPARATION
50 minutes

INGRÉDIENTS
2 carottes orange
2 carottes violettes
2 carottes blanches
2 carottes jaunes
3 c. à s. d'huile d'olive
20 g de roquette
2 bottes de basilic
1 gousse d'ail
25 cl de crème liquide allégée
4 feuilles de brick
100 g de ricotta
Poivre

MATÉRIEL
1 paire de baguettes
1 plaque allant au four
Papier cuisson
1 mixeur
1 moule rectangulaire

1 Éplucher les carottes. Placer une baguette chinoise de chaque côté des carottes pour les couper en rondelles sans les trancher complètement (1). Placer les carottes sur la plaque recouverte de papier cuisson et les badigeonner avec 1 c. à s. d'huile d'olive (2). Enfourner 20 minutes à 180 °C.

2 Mixer la roquette avec le basilic, l'ail, 1 c. à s. d'huile d'olive, la crème liquide et le poivre pour obtenir un pesto (3-4). Superposer les feuilles de brick puis les badigeonner avec l'huile d'olive restante (5). Déposer les feuilles de brick dans le moule et recouvrir de pesto (6).

3 Disposer les carottes tête-bêche dans le moule en alternant les couleurs (7). Enfourner 20 minutes à 180 °C. À la sortie du four, ajouter des morceaux de ricotta et poivrer (8). Déguster avec quelques feuilles de salade (9).

ASTUCE CHEFCLUB

Pour éviter que vos feuilles de brick ne se dessèchent rapidement, conservez-les dans un sachet fermé en bas du réfrigérateur pendant 3 ou 4 jours. Si elles deviennent cassantes, disposez-les sur un torchon propre humidifié quelques instants, elles retrouveront toute leur souplesse.

1

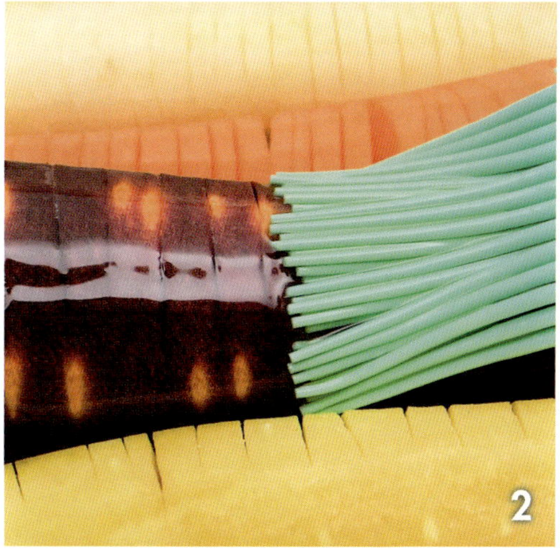
2

3

4

5

6

7

8

9

LA TERRINE DE LÉGUMES 6 EN 1

1 RECETTE POUR 6 JOURS DE RÉGIME

130 CALORIES / PERSONNE

6 PERSONNES

PRÉPARATION
30 minutes

INGRÉDIENTS
50 g de haricots verts
50 g de petits pois
60 g de brocoli
60 g de chou-fleur
1 oignon rouge
1 carotte
3 œufs
50 cl de lait de coco
Curry

MATÉRIEL
1 morceau de carton
Papier aluminium
1 moule rond
(Ø 20 cm)

1 Couper 3 bandes de carton de la hauteur et de la longueur de votre moule. Les recouvrir de papier aluminium (1). Faire des entailles au centre de chaque bande afin de pouvoir les assembler en étoile (2).

2 Couper les légumes cuits en petits morceaux et les disposer chacun dans un compartiment du moule (3). Mélanger ensuite les œufs, le lait de coco (4) et le curry (5). Verser la préparation sur les légumes (6-7).

3 Enfourner 20 minutes à 180 °C. À la sortie du four, laisser refroidir (8) puis démouler. Déguster avec quelques feuilles de salade (9).

ASTUCE CHEFCLUB
Le lait de coco ne contient pas de lactose, il est donc plus digeste que le lait ou la crème, pour ceux qui sont intolérants. Vous pouvez remplacer les produits laitiers dans de nombreuses recettes sucrées ou salées, résultat assuré !

1

2

3

4

5

6

7

8

9

LA MARMITE-COURGETTE

QU'Y A-T-IL SOUS LE COUVERCLE ?

250 CALORIES / PERSONNE

6 PERSONNES

PRÉPARATION
25 minutes

INGRÉDIENTS
Pour 6 marmites
6 courgettes rondes
2 oignons
2 gousses d'ail
1 poivron jaune
1 poivron rouge
1 poivron vert
2 blancs de poulet
2 c. à c. d'huile d'olive
400 g de purée de tomates
1 pâte feuilletée
1 jaune d'œuf
Sel et poivre

MATÉRIEL
1 cuillère parisienne
1 ramequin
1 plaque allant au four
Papier cuisson

1 Découper le chapeau des courgettes et creuser l'intérieur à l'aide de la cuillère parisienne. Couper ensuite les oignons, l'ail, les poivrons et les blancs de poulet en petits morceaux. Faire revenir le tout avec la chair des courgettes dans un filet d'huile d'olive (1). Saler et poivrer.

2 Une fois le mélange cuit, verser la purée de tomates puis garnir les courgettes avec la préparation (2). Découper ensuite 6 disques de pâte feuilletée en utilisant le ramequin.

3 Recouvrir chaque courgette d'un disque de pâte feuilletée et fixer à l'aide d'une fourchette (3). Badigeonner de jaune d'œuf les morceaux de pâte feuilletée. Placer les courgettes sur la plaque recouverte de papier cuisson et enfourner 15 minutes à 180 °C. Déguster bien chaud (4).

ASTUCE CHEFCLUB
La courgette est un légume réhydratant qui contient beaucoup de minéraux et oligo-éléments, dont du potassium, du magnésium ou du zinc. Elle est aussi riche en fibres et en vitamines. N'hésitez pas à en abuser lorsqu'elle est de saison, de juin à septembre !

MUTTI
PARMA
Purée de Tomates
Passata
1

MUTTI
PARMA
Purée de Tomates
Passata
2

3

4

LE PETIT WRAP POULET

ICI LA STAR, C'EST L'ÉPINARD

245 CALORIES / PERSONNE

4 PERSONNES

PRÉPARATION
25 minutes

INGRÉDIENTS
Pour 4 wraps
50 g d'épinards
5 cl d'eau
150 g de farine complète
3 blancs de poulet
1 carotte
250 g de yaourt nature 0 %
1/2 citron jaune
Coriandre
Sel

MATÉRIEL
1 mixeur
1 poêle
1 rouleau à pâtisserie

1 Mixer les épinards et l'eau. Mélanger ensuite avec la farine complète afin de former de petites boules de pâte (1). Réserver dans du film alimentaire et les laisser reposer.

2 Couper le poulet en dés et les faire revenir dans la poêle. Mélanger la carotte râpée, le yaourt (2), la coriandre ciselée et le jus de citron dans un récipient (3-4). Saler et poivrer.

3 Fariner les boules de pâte puis les étaler à l'aide du rouleau à pâtisserie. Faire cuire les wraps 3 minutes de chaque côté dans la poêle (5) puis les passer sur la flamme du brûleur afin de les faire gonfler (6).

4 Garnir les wraps (7) avec la préparation à base de yaourt et les morceaux de poulet (8). Déguster les wraps chauds avec quelques feuilles de salade et des tomates cerises (9).

ASTUCE CHEFCLUB
Si vous n'avez pas de cuisinière au gaz vous pouvez également faire cuire les wraps au four : préchauffez-le à 220 °C, placez à l'intérieur un plat en terre retourné et faites cuire les galettes en les posant sur le plat pendant 12 minutes environ.

1
2
3
4
5
6
7
8
9

LA TERRINE AUX PETITS LÉGUMES

AUSSI LÉGÈRE QUE COLORÉE

150 CALORIES / PERSONNE

6 PERSONNES

PRÉPARATION

40 minutes

INGRÉDIENTS

5 carottes
5 courgettes
500 g d'épinards
3 œufs
3 c. à s. de crème fraîche allégée
3 c. à s. de Maïzena®
1 tomate
1 c. à s. de sauce tomate
1/2 citron jaune
Noix de muscade moulue
Ciboulette
Sel et poivre

MATÉRIEL

1 torchon
1 mixeur
1 moule à cake

1 Éplucher les carottes et réserver les épluchures. Découper les carottes en petits morceaux puis les faire cuire dans de l'eau bouillante jusqu'à ce qu'elles soient fondantes. Répéter cette opération avec chacun des légumes (1). Une fois cuits, plonger chacun des légumes dans de l'eau glacée (2) puis les essorer dans un torchon (3).

2 Mixer les carottes, un œuf, 1 c. à s. de crème fraîche, 1 c. à s. de Maïzena®, le sel, le poivre et la noix de muscade. Répéter cette opération avec chacun des légumes.

3 Verser le mélange aux épinards (4), celui aux courgettes (5) et enfin celui aux carottes (6) dans le moule. Enfourner 2 heures à 140 °C au bain-marie. Mixer les épluchures de carottes avec la tomate, la ciboulette, la sauce tomate et le jus de citron (7). Verser ensuite le coulis sur la terrine (8) et la placer au réfrigérateur en attendant la dégustation (9).

ASTUCE CHEFCLUB

L'eau glacée permet, tout d'abord, d'arrêter la cuisson, mais aussi de garder la couleur des légumes, puisque le choc thermique « chaud/froid » fixe la chlorophylle des légumes verts.

1

2

3

4

5

6

7

8

9

LA PIZZA POULETTE

LA VIANDE BLANCHE, C'EST LA BASE DU RÉGIME… ET DE LA PIZZA !

195 CALORIES / PERSONNE

4 PERSONNES

PRÉPARATION
25 minutes

INGRÉDIENTS
Pour 1 pizza
4 blancs de poulet
1 gousse d'ail
3 Ficello®
4 c. à s. de sauce tomate
100 g de roquette
1 tomate jaune
1 tomate verte
1 tomate cerise
1 oignon
Sel et poivre

MATÉRIEL
1 rouleau à pâtisserie
1 plaque allant au four
Papier cuisson

1 Hacher les blancs de poulet et les mélanger avec l'ail haché, le sel et le poivre (1). Étaler en rond le mélange de poulet sur la plaque recouverte de papier cuisson (2-3).

2 Déposer à 2 cm du bord de la pizza les Ficello® (4) et replier le poulet sur le fromage afin de créer une bordure farcie.

3 Enfourner à 190 °C pendant 15 minutes. Étaler la sauce tomate (5), garnir avec la roquette, les tomates en quartiers et l'oignon (6-7). Déguster bien chaud (8-9).

ASTUCE CHEFCLUB
Vous pouvez mariner les blancs de poulet avant de les hacher. Mélangez du jus de citron avec de la moutarde, de l'ail haché, du thym, du sel et du poivre, puis badigeonnez les blancs de poulet avec ce mélange. Vous allez gagner en goût, mais pas en calories ! Délicieux et léger.

1
2
3
4
5
6
7
8
9

LES MUFFINS SALÉS AUX LÉGUMES

POUR UN APÉRO LÉGER

170 CALORIES / PERSONNE

6 PERSONNES

PRÉPARATION
35 minutes

INGRÉDIENTS
Pour 6 muffins
150 g de farine
1 sachet de levure
3 œufs
12 cl de lait écrémé
1 c. à s. de paprika
2 têtes de brocoli
2 champignons
2 tomates cerises
50 g de feta
Sel

MATÉRIEL
1 moule à muffins

1 Mélanger la farine, la levure, les œufs, le lait, le paprika et le sel jusqu'à l'obtention d'une pâte homogène (1).

2 Remplir les compartiments du moule : 2 avec un morceau de brocoli précuit, 2 avec un champignon épluché et 2 avec une tomate cerise (2). Verser la préparation puis disposer quelques dés de feta sur les muffins (3).

3 Enfourner 10 minutes à 180 °C. Déguster bien chaud avec des feuilles d'endives et des lamelles de chou rouge (4).

ASTUCE CHEFCLUB
Si vous n'avez pas de levure dans vos placards, pas de panique ! Plutôt que de mettre les œufs entiers dans votre préparation, montez les blancs en neige et incorporez-les doucement au mélange.

1

2

3

4

LE CAKE MACÉDOINE

ET SES HARICOTS EN RANG D'OIGNONS !

185 CALORIES / PERSONNE

6 PERSONNES

PRÉPARATION
60 minutes

INGRÉDIENTS
200 g de haricots verts
200 g de carottes
200 g de petits pois
20 cl crème fraîche allégée
5 œufs
3 tranches de jambon
50 g d'emmental râpé allégé
Ciboulette
Sel et poivre

MATÉRIEL
1 fouet
1 moule à cake

1 Faire cuire séparement les légumes dans une casserole d'eau bouillante. Pendant ce temps, beurrer les parois du moule.

2 Battre la crème fraîche, les œufs, le sel et le poivre (1). Déposer les haricots verts (2) dans le moule puis verser une louche de la préparation (3). Répéter l'opération avec les carottes (4) et les petits pois (5). Couper le jambon en bandes, les disposer dans le moule (6-7) et verser une louche de la préparation. Saupoudrer d'emmental puis verser le reste de la préparation.

3 Enfourner 45 minutes à 210 °C au bain-marie. Laisser refroidir puis démouler (8). Saupoudrer de ciboulette ciselée et déguster (9).

ASTUCE CHEFCLUB
Comme pour les gâteaux sucrés, vous pouvez vérifier la cuisson d'un cake à l'aide d'un couteau. Plantez la lame de votre couteau bien au milieu de la terrine : si la lame en ressort sans aucune trace, c'est que votre cake est parfaitement cuit, prêt à être dégusté !

1

2

3

4

5

6

7

8

9

LES GAUFRES ACCRAS DE CABILLAUD

UNE GAUFRE RÉGIME AU BON GOÛT DU LARGE

250 CALORIES / PERSONNE

4 PERSONNES

PRÉPARATION
35 minutes

INGRÉDIENTS
Pour 8 gaufres
3 pommes de terre
200 g de cabillaud
1 brocoli
2 œufs
1 c. à s. de paprika
10 cl de crème fraîche allégée
1/2 citron
Ciboulette
Sel et poivre

MATÉRIEL
1 râpe
1 cuillère à glace
1 gaufrier

1 Éplucher et faire cuire les pommes de terre dans de l'eau salée. Faire cuire le cabillaud 20 minutes à la vapeur (1) puis l'émietter. Mélanger ensuite les pommes de terre cuites, le cabillaud, les têtes du brocoli râpées, les œufs, le paprika, le sel et le poivre.

2 Déposer 2 boules de la préparation dans le gaufrier (2-3). Laisser cuire les gaufres quelques minutes jusqu'à ce qu'elles soient dorées et répéter l'opération pour former 8 gaufres.

3 Mélanger la crème fraîche, la ciboulette ciselée, le jus de citron, le sel et le poivre. Déguster les petites gaufres en les trempant dans la sauce (4).

ASTUCE CHEFCLUB
Vous n'habitez pas en bord de mer ou n'avez pas le temps de passer chez votre poissonnier ? Pensez au surgelé ! Le poisson surgelé a souvent des valeurs nutritionnelles plus élevées que le poisson frais car il est conditionné juste après la pêche, voire directement sur le bateau. Pratique et bon pour la santé !

1
2
3
4

LES TOMATES FLEURIES

SI JOLIES QU'ON POURRAIT SE LES FARCIR TOUS LES JOURS !

100 CALORIES / PERSONNE

6 PERSONNES

PRÉPARATION
25 minutes

INGRÉDIENTS
Pour 7 tomates
7 tomates à farcir
1 oignon rouge
2 blancs de poulet
1 c. à c. de paprika
1 c. à c. de curry
1 courgette jaune
1 courgette verte
2 aubergines
Coriandre

MATÉRIEL
1 moule rond
(Ø 20 cm)

1 Découper les chapeaux des tomates et les creuser. Mixer la chair et les chapeaux, l'oignon rouge, la coriandre, les blancs de poulet, le paprika et le curry.

2 Former des boules de ce mélange puis en déposer une dans chaque tomate (1). Couper les courgettes et les aubergines en rondelles (2). Décorer les tomates en alternant des lamelles de légumes afin de créer des fleurs.

3 Disposer les tomates farcies dans le moule (3) et enfourner 15 minutes à 180 °C. Déguster bien chaud avec quelques feuilles de salade (4).

ASTUCE CHEFCLUB
Contrairement à ce que l'on pense parfois, les tomates n'aiment pas le froid ! Ne les conservez pas dans votre frigo, cela les rendrait insipides. Gardez-les plutôt à température ambiante et lavez-les juste avant de les manger !

1

2

3

4

LE CHOU-FLEUR FAÇON MARGHERITA

LA PIZZA, EN PLUS LÉGER

200 CALORIES / PERSONNE

4 PERSONNES

PRÉPARATION
50 minutes

INGRÉDIENTS
1 chou-fleur
10 cl d'eau
1/2 pomme de terre
1 œuf
150 g de sauce tomate
2 tranches de jambon
40 g de mozzarella râpée allégée
10 olives noires
40 g de roquette
Basilic
Sel et poivre

MATÉRIEL
1 mixeur
1 torchon
1 plaque allant au four
Papier cuisson

1 Mixer les têtes du chou-fleur pour obtenir de petits morceaux de la taille de grains de riz. Faire cuire dans l'eau pendant 15 minutes (1), saler, poivrer et mélanger. Presser le chou-fleur dans un torchon afin d'extraire toute l'eau.

2 Mélanger le chou-fleur, la demi-pomme de terre cuite, l'œuf et le basilic ciselé (2). Étaler la préparation en rond sur la plaque recouverte de papier cuisson (3) puis enfourner 30 minutes à 180 °C.

3 Garnir la pizza avec la sauce tomate, les tranches de jambon coupées en 2, la mozzarella et les olives. Enfourner 10 minutes à 180 °C puis ajouter la roquette. Déguster bien chaud (4).

ASTUCE CHEFCLUB

Pour cuisiner le chou-fleur sans odeur, ajoutez une feuille de laurier au moment de la cuisson. Si vous n'en avez pas, couvrez votre casserole ou votre poêle d'un linge propre imbibé de quelques gouttes de vinaigre blanc.

1

2

3

4

LA TERRINE QUI CROUSTILLE

UN SEUL GRAIN DE RIZ PEUT FAIRE PENCHER LA BALANCE...

140 CALORIES / PERSONNE

6 PERSONNES

PRÉPARATION

55 minutes

INGRÉDIENTS

1 courgette verte
1 courgette jaune
2 poivrons rouges
2 poivrons jaunes
500 g de thon en conserve
4 c. à s. de fromage frais allégé
4 c. à s. de fromage blanc 0 %
5 galettes de riz
Persil
Sel et poivre

MATÉRIEL

1 moule à cake
Film alimentaire
2 sacs de congélation

1 Tapisser le moule de film alimentaire. Couper les courgettes en fines rondelles puis les disposer à l'intérieur du moule en alternant les couleurs (1).

2 Enfourner les poivrons 15 minutes à 200 °C puis les mettre dans les sacs de congélation pendant 2 minutes (2-3). Enlever la peau et couper les poivrons en lamelles. Mélanger le thon, le fromage frais, le fromage blanc et le persil, puis saler et poivrer (4).

3 Disposer des morceaux de poivrons au fond du moule (5) puis recouvrir avec le mélange. Alterner des couches de poivrons et de thon (6). Disposer des galettes de riz pour refermer le haut de la terrine (7). Conserver au réfrigérateur au moins 30 minutes, démouler puis déguster bien frais (8-9).

ASTUCE CHEFCLUB

Pour vous débarrasser des odeurs de poisson dans votre évier, mélangez 1/2 tasse de jus de citron avec la même quantité de bicarbonate de soude puis versez dans votre évier. Laissez agir pendant une dizaine de minutes et rincez à l'eau chaude pour tout évacuer !

1

2

3

4

5

6

7

8

9

LES MUFFINS À LA CANCOILLOTTE

DÉCOUVREZ OU REDÉCOUVREZ LE MOINS GRAS DES FROMAGES !

150 CALORIES / PERSONNE

6 PERSONNES

PRÉPARATION
35 minutes

INGRÉDIENTS
Pour 6 muffins
1 brocoli
2 pommes de terre
1 gousse d'ail
1 jaune d'œuf
1 blanc de poulet
1 c. à c. d'huile d'olive
250 g de cancoillotte
Persil

MATÉRIEL
1 mixeur
1 moule à muffins

1 Couper les têtes du brocoli, les pommes de terre et l'ail en morceaux (1). Mixer le tout avec le jaune d'œuf (2). Recouvrir ensuite chaque compartiment du moule avec la préparation (3-4) et enfourner 10 minutes à 180 °C.

2 Couper le blanc de poulet en dés et les faire revenir avec l'huile d'olive dans une poêle (5). Disposer le poulet dans les compartiments (6) puis le recouvrir avec la cancoillotte (7-8).

3 Enfourner 15 minutes à 180 °C puis saupoudrer les muffins de persil ciselé. Déguster avec quelques feuilles de salade et des tomates cerises (9).

ASTUCE CHEFCLUB
Contrairement à ce que l'on croit souvent, la cancoillotte fait partie des fromages les moins gras car elle est principalement composée d'eau. Retenez que plus un fromage est fondant ou coulant, moins il sera gras !

1

2

3

4

5

6

7

8

9

LE CHICKEN BURGER EXTRA LIGHT

SI LÉGER, C'EST GONFLÉ !

170 CALORIES / PERSONNE

2 PERSONNES

PRÉPARATION
30 minutes

INGRÉDIENTS
Pour 2 burgers
200 g de fromage blanc 0 %
2 œufs
1 c. à c. de levure
2 blancs de poulet
1 oignon
1/2 citron
2 tomates
Ail
Basilic
Ciboulette
Roquette
Sésame
Sel et poivre

MATÉRIEL
1 fouet électrique
1 plaque allant au four
Papier cuisson
1 mixeur
1 ramequin

1 Mélanger 150 g de fromage blanc avec les jaunes d'œufs et la levure. Monter les blancs en neige et les incorporer à la préparation (1). Former 4 pains à burger sur la plaque recouverte de papier cuisson. Parsemer du sésame sur 2 d'entre eux (2) et les enfourner pendant 10 minutes à 200 °C.

2 Mixer les blancs de poulet, puis ajouter la moitié de l'oignon émincé, le jus de citron, l'ail, le basilic, le sel et le poivre (3). Former 2 steaks à l'aide du ramequin (4) et les faire revenir à la poêle (5).

3 Mélanger le reste du fromage blanc, la ciboulette, le sel et le poivre. Déposer un steak de poulet sur un pain à burger (6), ajouter des rondelles de tomates et d'oignon, quelques feuilles de roquette et la sauce (7). Refermer avec un autre pain à burger puis déguster (8-9).

ASTUCE CHEFCLUB
Pour un accompagnement gourmand mais léger, vous pouvez faire des frites de patates douces ! Coupez des batônnets de patates douces et placez-les sur une plaque recouverte de papier cuisson. Saupoudrez de sel et de paprika et enfournez-les 40 minutes à 180 °C.

1
2
3
4
5
6
7
8
9

LES MUFFINS COURGETTES

ET LEURS FINES LAMELLES ASTUCIEUSES !

230 CALORIES / PERSONNE

4 PERSONNES

PRÉPARATION
35 minutes

INGRÉDIENTS
Pour 8 muffins
2 courgettes
150 g de dés de jambon
8 tomates cerises
250 g de crème fraîche allégée
3 œufs
1 c. à s. de paprika
150 g d'emmental râpé allégé
Ciboulette
Sel et poivre

MATÉRIEL
1 moule à muffins

1 Couper les courgettes en fines lamelles pour tapisser les compartiments du moule à muffins (1). Disposer ensuite les dés de jambon (2) et les tomates cerises en morceaux dans chaque compartiment.

2 Mélanger la crème fraîche, les œufs, le paprika, le sel et le poivre. Remplir les compartiments avec la préparation (3) et les saupoudrer d'emmental.

3 Enfourner 25 minutes à 180 °C. Saupoudrer ensuite chaque muffin de ciboulette ciselée puis les déguster avec quelques feuilles de salade et des tomates (4).

ASTUCE CHEFCLUB

Vous n'avez pas de courgette ou souhaitez varier cette recette ? Vous pouvez simplement les remplacer par des lamelles d'aubergines ou de carottes !

1

2

3

4

LE POULET ARC-EN-CIEL

ESCALOPES GRILLÉES ET LEUR CŒUR COLORÉ

150 CALORIES / PERSONNE

6 PERSONNES

PRÉPARATION
25 minutes

INGRÉDIENTS
Pour 6 blancs de poulet
6 blancs de poulet
1/2 citron jaune
1 c. à c. d'huile d'olive
1 gousse d'ail
2 c. à s. de paprika
1 c. à c. de piment d'Espelette
1/2 poivron jaune
1/2 poivron vert
1/2 poivron rouge
Ciboulette
Sel et poivre

MATÉRIEL
3 sacs de congélation
Cure-dents

1 Préparer les blancs de poulet (1) et les faire mariner avec les rondelles de citron, l'huile d'olive, l'ail haché, le paprika et le piment d'Espelette (2-4).

2 Brûler la peau des poivrons sur la flamme du brûleur (5) puis les mettre dans les sacs de congélation pendant 2 minutes. Gratter la peau avec la lame d'un couteau. Couper ensuite les poivrons en lamelles (6).

3 Ouvrir les blancs de poulet puis saler et poivrer l'intérieur. Déposer une lamelle de chaque poivron dans le sens de la longueur (7). Enrouler les blancs de poulet sur eux-mêmes et les fixer à l'aide de 3 cure-dents. Faire cuire les roulés 5 minutes de chaque côté dans une poêle (8) puis saupoudrer de ciboulette ciselée. Déguster bien chaud (9).

ASTUCE CHEFCLUB
Pour éplucher vos poivrons simplement, passez-les sur une flamme ou sous le grill du four afin de brûler leur peau. Ensuite, 2 solutions : les laisser reposer 2 minutes dans un sac de congélation fermé ou les placer dans un saladier recouvert de film alimentaire et les passer 5 minutes au micro-ondes.

1

2

3

4

5

6

7

8

9

LA TARTE VERTE

LE HARICOT FAIT SON SHOW

290 CALORIES / PERSONNE

6 PERSONNES

PRÉPARATION

30 minutes

INGRÉDIENTS

150 g de farine
40 g de yaourt nature 0 %
4 œufs
5 cl d'eau
250 g de ricotta
1 c. à c. de paprika
3 tranches de jambon
200 g de haricots verts
1 avocat
20 g de petits pois
Persil
Basilic
Sel et poivre

MATÉRIEL

1 rouleau à pâtisserie
1 moule rectangulaire
1 fouet
1 spatule

1 Préparation de la pâte :
Mélanger la farine, le yaourt, un œuf, l'eau et le persil ciselé. Former une boule puis l'étaler à l'aide du rouleau à pâtisserie. Tapisser le moule et piquer la pâte avec une fourchette (1).

2 Préparation de la garniture :
Battre 3 œufs, la ricotta, le paprika, le sel et le poivre. Verser la moitié de la préparation dans le moule (2). Couper ensuite les tranches de jambon en 2 puis les disposer de manière à recouvrir la tarte (3). Verser le reste de la préparation et lisser avec la spatule. Enfourner 20 minutes à 180 °C.

3 Assemblage :
Disposer les haricots verts cuits en mosaïque sur le dessus de la tarte. Couper l'avocat en 2 puis en tranches. Décorer avec les morceaux d'avocat, les petits pois cuits et quelques feuilles de basilic (4). Déguster avec quelques feuilles de salade et des tomates cerises.

ASTUCE CHEFCLUB
L'avocat peut se substituer à la matière grasse dans les recettes. Sa texture et ses nutriments sont assez proches du beurre et il peut le remplacer facilement en cuisine.

1

2

3

4

L'OMELETTE POIVRON

UNE OMELETTE SANS LE JAUNE QUI NE MANQUE PAS DE COULEUR !

160 CALORIES / PERSONNE

6 PERSONNES

PRÉPARATION
15 minutes

INGRÉDIENTS
Pour 6 omelettes
1 brocoli
6 blancs d'œufs
125 g de dés de jambon
1 gousse d'ail
1 c. à c. de piment d'Espelette
1 poivron rouge
1 poivron jaune
1 poivron vert
Persil

MATÉRIEL
1 poêle

1 Couper le brocoli en morceaux et les faire cuire 5 minutes dans de l'eau bouillante (1). Plonger dans de l'eau froide puis égoutter.

2 Mélanger les blancs d'œufs, les dés de jambon, le brocoli, l'ail haché, le piment d'Espelette et le persil ciselé.

3 Couper 2 anneaux de 3 cm d'épaisseur dans chaque poivron et les évider (2). Déposer les anneaux dans une poêle. Verser la préparation dans les poivrons (3) et faire cuire 3 minutes de chaque côté. Déguster bien chaud avec quelques feuilles de salade (4).

ASTUCE CHEFCLUB
Le poivron, lorsqu'il est chauffé, dégage une sorte de liquide huileux. Vous n'avez donc pas besoin d'ajouter d'huile d'olive dans la poêle pour cette préparation !

1

2

3

4

LA QUICHE PATATE DOUCE

UN RÉGIME EN DOUCEUR

310 CALORIES / PERSONNE

4 PERSONNES

PRÉPARATION

50 minutes

INGRÉDIENTS

500 g de patates douces
10 g de beurre
1 oignon
250 g d'épinards
4 œufs
2 blancs d'œufs
15 cl de lait écrémé
100 g de feta
Curcuma
Poivre

MATÉRIEL

1 moule rond
(Ø 20 cm)

1 Éplucher et découper les patates douces en fines rondelles (1). Tapisser le moule légèrement beurré avec les rondelles et enfourner 10 minutes à 180 °C (2).

2 Émincer l'oignon et le faire revenir dans une poêle (3). Faire cuire les épinards à feu doux (4). Disposer les épinards cuits (5) et les oignons grillés dans le moule. Mélanger les œufs, les blancs supplémentaires, le lait (6), le curcuma et le poivre dans un récipient.

3 Recouvrir les légumes avec la préparation (7). Couper des dés de feta et les disposer sur le dessus de la quiche. Enfourner 35 minutes à 180 °C (8) puis démouler. Déguster avec quelques feuilles de salade (9).

ASTUCE CHEFCLUB

Par rapport à la pomme de terre, la patate douce a l'avantage d'avoir une charge glycémique très faible. Cet indice glycémique permet de mesurer la vitesse à laquelle l'aliment est absorbé dans le sang. Plus l'indice glycémique est élevé moins vous serez rassasié !

1
2
3
4
5
6
7
8
9

LE GÂTEAU CHOCOLAT SANS BEURRE

C'EST LA COURGETTE QUI COMPTE POUR DU BEURRE !

255 CALORIES / PERSONNE

6 PERSONNES

PRÉPARATION
30 minutes

INGRÉDIENTS
1 courgette
100 g de compote de pommes sans sucre ajouté
1 c. à c. d'extrait de vanille
3 œufs
90 g de farine
80 g de cacao en poudre non sucré
1 sachet de levure chimique
1 c. à c. de cannelle
100 g de pépites de chocolat
3 blancs d'œufs
125 g de yaourt nature 0 %
250 g de fraises

MATÉRIEL
1 râpe
1 ramequin
1 moule à charnière (Ø 20 cm)
1 poche à douille
1 douille

1 Mélanger la compote de pommes, l'extrait de vanille et les œufs. Ajouter la farine, le cacao et la levure.

2 Éplucher et râper la courgette puis l'incorporer à la préparation avec la cannelle et les pépites de chocolat (1). Déposer le ramequin au centre du moule, verser la pâte du gâteau autour (2) et enfourner 20 minutes à 180 °C.

3 Battre les blancs d'œufs et le yaourt comme une chantilly (3). Placer ensuite la préparation dans la poche à douille. Retirer le ramequin, démouler le gâteau puis décorer le milieu avec la chantilly. Ajouter quelques fraises et déguster (4).

ASTUCE CHEFCLUB
La cannelle est réputée pour être un puissant coupe-faim. Agrémentez vos desserts ou infusions de cette épice, vous aurez moins envie de grignoter après la fin du repas.

1

2

3

4

LA GLACE FLOTTANTE

TELLEMENT LÉGÈRE QU'ELLE FLOTTE !

200 CALORIES / PERSONNE

6 PERSONNES

PRÉPARATION
25 minutes

INGRÉDIENTS
Pour 6 cônes
6 feuilles de brick
5 blancs d'œufs
150 g de sucre
7 cl d'eau
2 jaunes d'œufs
10 g de Maïzena®
20 cl de lait écrémé
1 gousse de vanille

MATÉRIEL
Papier aluminium
1 fouet électrique
1 cuillère à glace
1 louche

1 Former 6 cornets de papier aluminium puis enrouler les feuilles de brick autour (1). Enfourner 5 minutes à 180 °C (2).

2 Battre les blancs en neige avec 20 g de sucre et former des boules avec la cuillère à glace (3). Faire cuire les boules formées 5 minutes dans une casserole d'eau frémissante (4). Faire fondre 60 g de sucre avec 5 cl d'eau et former des coques de caramel sur le dos d'une louche (5-6).

3 Battre les jaunes d'œufs et le sucre restant. Diluer la Maïzena® dans 2 c. à s. d'eau pour l'ajouter au mélange précédent. Porter à ébullition le lait et les graines de la gousse de vanille puis le verser sur la préparation. Mélanger le tout à feu doux jusqu'à obtention d'une crème.

4 Verser la crème anglaise allégée dans les cornets de feuilles de brick. Disposer une boule de blancs en neige (7) et une coque de caramel sur chaque boule (8). Déguster sans attendre (9).

ASTUCE CHEFCLUB
Récupérez la gousse de vanille, laissez-la sécher à l'air libre ou accélérez son séchage au four classique ou au micro-ondes. Broyez-la ensuite et conservez cette poudre dans un bocal hermétique pour parfumer un gâteau ou un flan. Gourmand et économique !

1
2
3
4
5
6
7
8
9

LES SORBETS FRUITÉS

COULEURS, SAVEURS ET FRAÎCHEUR : À DÉGUSTER SANS MODÉRATION !

80 CALORIES / PERSONNE

6 PERSONNES

PRÉPARATION

15 minutes

INGRÉDIENTS

Pour 6 sorbets

2 mangues
150 g de glaçons
1 banane
1 kiwi
2 fraises
1 citron vert

MATÉRIEL

1 mixeur
6 verres en plastique
6 bâtonnets de glace

1 Couper les mangues en 2 dans le sens de la longueur (1) et les peler. Mixer avec les glaçons (2) puis verser la préparation dans les verres en plastique (3).

2 Retirer la peau de la banane et du kiwi puis équeuter les fraises. Couper les fruits en rondelles. Disposer une rondelle de chaque fruit contre les parois intérieures des verres (4-6).

3 Découper le citron vert en rondelles. Planter chaque bâtonnet dans une rondelle de citron vert (7) puis insérer les batônnets dans les verres (8). Placer les sorbets au moins 3 heures au congélateur puis les démouler au moment de servir. Déguster frais (9).

ASTUCE CHEFCLUB

Pour éviter de se retrouver avec de la glace sur les doigts quand on la mange, plantez votre bâtonnet de glace dans une caissette à cupcake ! Vous n'en perdrez plus une goutte !

1

2

3

4

5

6

7

8

9

LA MOUSSE AU CHOCOLAT BI-GOÛT

ONCTUEUSE MAIS PEU CALORIQUE !

230 CALORIES / PERSONNE

6 PERSONNES

PRÉPARATION
15 minutes

INGRÉDIENTS
Pour 6 mousses
2 blancs d'œufs
250 g de fromage blanc 0 %
200 g de chocolat noir
20 cl d'eau
1 citron vert
Vermicelles multicolores

MATÉRIEL
1 fouet électrique
3 sacs de congélation
6 verres

1 Battre les blancs d'œufs et le fromage blanc afin d'obtenir une mousse. Faire fondre le chocolat au micro-ondes dans un saladier en verre puis placer le récipient dans de l'eau glacée.

2 Battre le chocolat fondu en versant progressivement l'eau pour former une mousse (1). Placer ensuite les 2 mousses dans les sacs de congélation (2) et les réunir dans un troisième.

3 Tremper les verres dans du chocolat noir fondu puis dans les vermicelles multicolores (3). Couper un coin des sacs de congélation et remplir les verres avec les mousses. Ajouter quelques zestes de citron sur le dessus puis placer au réfrigerateur en attendant la dégustation (4).

ASTUCE CHEFCLUB
Vous venez de vous brûler la langue ? Pour mettre un terme à la douleur, il suffit de poser et de laisser fondre un morceau de chocolat noir ou au lait sur la zone à soulager.

Moulinex
easy
max
1

2

3

4

MERCI

Un grand merci à vous tous pour vos conseils !

Nous souhaitons aussi remercier tout spécialement Adrien pour son engagement aux côtés de l'équipe. Adrien a mené le développement de Plume en faisant preuve de créativité et d'indépendance, tout en restant fidèle à l'esprit Chefclub.

Comme évoqué en introduction, Plume a encore beaucoup à apprendre et va continuer à se perfectionner pour devenir, nous l'espérons, votre compagnon Light & Fun.

Amicalement,

L'équipe Chefclub

Chefclub

ENCORE FAIM ?

Découvrez, dans la même collection, tous les livres de recettes Chefclub.
De l'apéro au dessert : il y en a pour tous les goûts !

COLLECTION **À LA CARTE**

2018, Snacking Media
53, rue de Chabrol
75010 Paris - France

Dépot légal : août 2018
ISBN : 978-2-490129-11-9
Imprimé en Italie par Print Co en août 2018

Les marques mentionnées dans l'ouvrage ne sont pas publicitaires et répondent au seul choix de l'éditeur.
Les marques Ficello® et Maïzena® sont des marques déposées.